O wie schön ist deine Welt

Lobpreis der Schöpfung

Gemälde von Wolfgang Link

mit klassischen und romantischen Gedichten

Impressum

Bibliografische Information der Deutschen Nationalbibliothek:
Die Deutsche Nationalbibliothek verzeichnet diese Publikation in der Deutschen
Nationalbibliografie; detaillierte bibliografische Daten sind im Internet über http://dnb.dnb.de
abrufbar.

© Dr. Wolfgang Link, Gengenbach 2021

Technische Ausführung:David Zimmermann

ISBN: 978-3-7543-3575-8

Herstellung und Verlag: BoD – Books on Demand, Norderstedt

Für Jutta Fuchs und Dieter Schöningh sowie meinen Angehörigen, Lehrern und Freunden in Liebe und Dankbarkeit zugeeignet

Verzeichnis der Gedichte

Im Abendrot

O wie schön ist Deine Welt,
Vater, wenn sie golden strahlet!
Wenn Dein Glanz herniederfällt
und den Staub mit Schimmer malet.
Wenn das Rot, das in der Wolke
blinkt,
in mein stilles Fenster sinkt.

Könnt ich klagen, könnt ich zagen?
Irre sein an Dir und mir?
Nein, ich will im Busen tragen
Deinen Himmel schon allhier.
Und das Herz, eh es zusammenbricht,
trinkt noch Glut und schlürft noch
Licht.

Karl Gottfried Lappe (1773-1843)
Dieses Gedicht wurde von Franz
Schubert sehr einfühlsam vertont.

Schöner Frühling

Schöner Frühling, komm doch wieder,
lieber Frühling, komm doch bald!
Bring uns Blumen, Laub und Lieder,
schmücke wieder Feld und Wald.

Auf die Berge möcht`ich fliegen,
möchte seh´n ein grünes Tal,
möcht´in Gras und Blumen liegen
und mich freu´n am Sonnenstrahl.

Möchte hören die Schalmeien
und der Herden Glockenklang,
möchte freuen mich im Freien
an der Vögel süßem Sang.

August Heinrich von Fallersleben

Blumen

Blumen sind das Lächeln der Erde

Ralph Waldo Emerson (1749-1832)

Ode an die Rose

Rose, Wunder aller Blumen,
die blühen,
jedes Blatt ein Zeuge
der Liebe im Frühling.
Selbst die himmlischen Mächte
erfreuen sich ihrer.

Anakreon, (580-495 v. Chr.)
griechischer Lyriker

Ins Grüne

Ins Grüne, ins Grüne
da lockt uns der Frühling,
der liebliche Knabe,
und führt uns
am Blumen-umwundenen Stabe
hinaus, wo die Lerchen
und Amseln so wach
in Wälder, auf Felder,
auf Hügel zum Bach,
ins Grüne, ins Grüne.

Johann Anton Friedrich Reil
(1773-1843)
deutsch-österreichischer Schriftsteller

Hoffnung blüht

Vernunft fängt wieder an zu sprechen
und Hoffnung wieder an zu blüh´n,
man sehnt sich nach des Lebens Bächen,
Ach! Nach des Lebens Quelle hin.

Johann Wolfgang von Goethe
(1749-1832)

An den Frühling

Willkommen, schöner Jüngling!
Du Wonne der Natur!
Mit deinem Blumenkörbchen,
Willkommen auf der Flur!

Ei! Ei! Da bist du wieder!
Und bist so lieb und schön!
Und freu´n wir uns so herzlich,
entgegen dir zu geh´n.

Denkst auch noch an mein Mädchen?
Ei, Lieber, denke doch!
Dort liebte mich das Mädchen,
und´s Mädchen liebt mich noch!

Fürs Mädchen manches Blümchen
erbat ich mir von dir-
ich komm´und bitte wieder,
und du?- du gibst es mir?

Friedrich von Schiller (1759-1805)

Eine Blume

Eine Blume,
die sich erschließt,
macht keinen Lärm dabei:
Unbemerkt kommt alles,
was Dauer haben soll,
in dieser wechselvollen,
lärmenden Welt.

Wilhelm Raabe (1831-1910)

Die höhere Entwicklung

Die höhere Entwicklung
der Seele beginnt dann erst,
wenn man sich
über die kleinste Blume,
über das kleinste Blumenblatt,
über das unscheinbarste Käferchen
oder Würmchen so wundern kann
wie über die größten kosmischen
Vorgänge.

Rudolf Steiner (1861-1925)

Die meisten Menschen

Die meisten Menschen
wissen gar nicht,
wie schön die Welt ist
und wieviel Pracht
in den kleinsten Dingen,
in einer Blume, einem Stein,
einer Baumrinde oder einem
Birkenblatt sich offenbart.

Rainer Maria Rilke (1875-1926)

Er ist´s

Frühling lässt sein blaues Band
wieder flattern durch die Lüfte.
Süße, wohlbekannte Düfte
streifen ahnungsvoll durchs Land.

Veilchen träumen schon
wollen balde kommen.
Horch, von fern ein leiser Harfenton:
Frühling, ja du bist´s!
Dich hab´ich vernommen!

Eduard Mörike (1804-1875)

Der Schmetterling

Sie war ein Blümlein hübsch und fein
heil aufgeblüht im Sonnenschein,
es war ein junger Schmetterling,
der selig an der Blume hing.

Oft kam ein Bienlein mit Gebrumm
und macht und säuselt da herum.
Oft kroch ein Käfer kribbelkrab
am hübschen Blümlein auf und ab.

Ach Gott, wie das dem Schmetterling
so schmerzlich durch die Seele ging.
Doch was am meisten ihn entsetzt
Das Allerschlimmste kam zu letzt:

Ein alter Esel fraß die ganze
von ihm so heiß geliebte Pflanze.

Wilhelm Busch (1832-1908)

Die Libelle

Es tanzt die schöne Libelle
wohl auf des Baches Welle;
Sie tanzt daher, sie tanzt dahin
die schimmernde, flimmernde
Gauklerin.

Heinrich Heine (1797-1856)

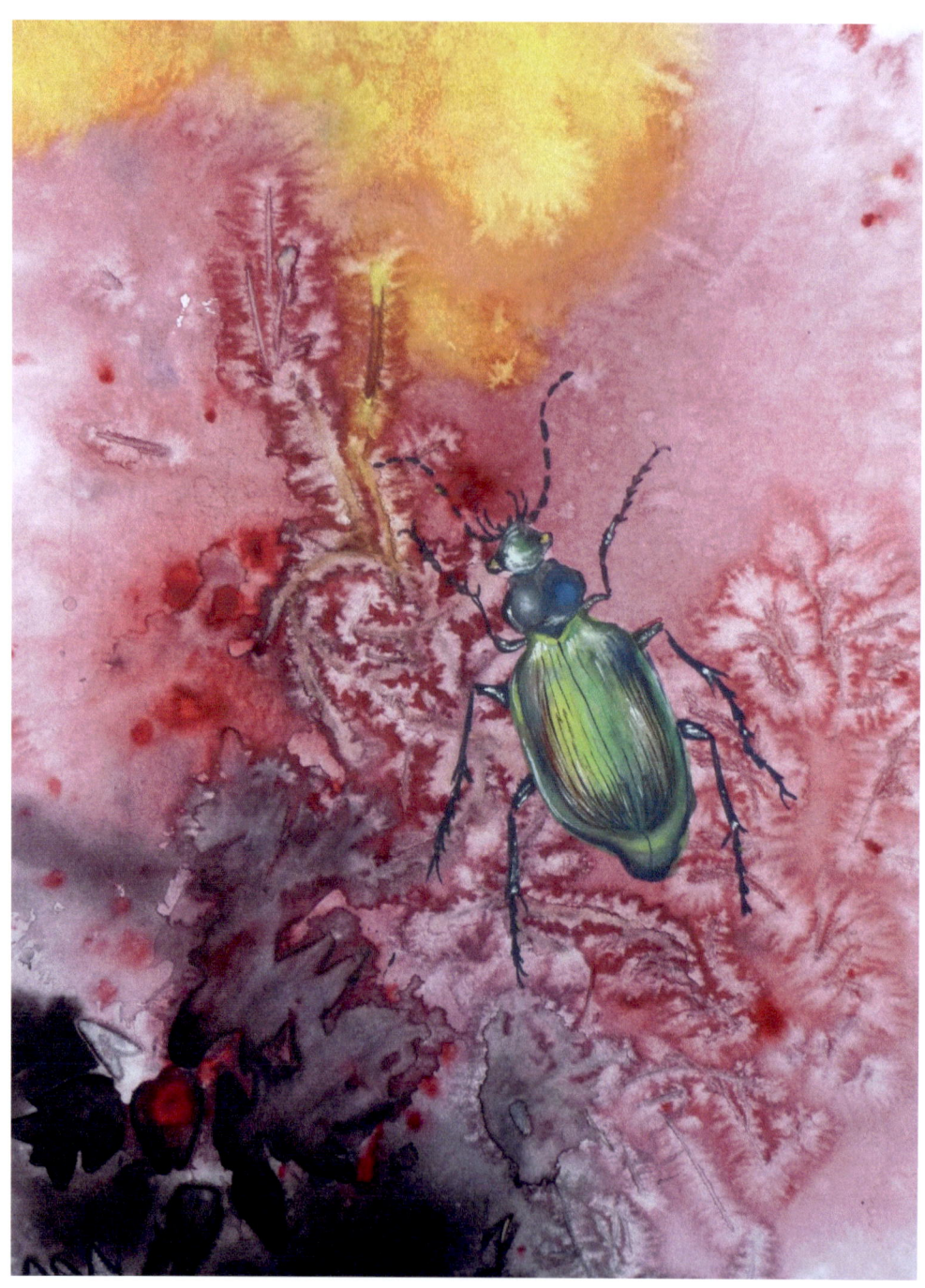

Abseits

Es ist so still, die Heide liegt
im warmem Mittagssonnenstrahle,
ein rosenroter Schimmer fliegt
um ihre alten Gräbermale;
die Kräuter blühn; der Heide Duft
steigt in die blaue Sommerluft.

Laufkäfer hasten durchs Gesträuch
in ihren goldnen Panzerröckchen;
die Blumen hängen Zweig um Zweig
sich an der Edelheide Glöckchen,
Die Vögel fliegen aus dem Kraut,
die Luft ist voller Lerchenlaut.

Theodor Storm (1817-1888)

Frühlingsgruß

Leise zieht durch mein Gemüt
liebliches Geläute.
Klinge, kleines Frühlingslied,
kling hinaus ins Weite!

Heinrich Heine (1797-1856)

Im wunderschönen Monat Mai,
als alle Knospen sprangen,
da ist in meinem Herzen
die Liebe aufgegangen.

Heinrich Heine

Tage des Frühlings

Tage des Frühlings sind da.
Die Rosen und Tulpen und Veilchen
sprossen empor aus dem Staub,
während du liegst im Staub.

Weinen will ich am Grab,
wo die Wolken des Frühlings auf
Fluren weinen, bis du vom Staub
sprossest wie Blume empor.

Hafes, persischer Dichter (1320-1389)
übersetzt von Joseph von Hammer
(1774-1856)

Einkehr

Bei einem Wirte wundermild
da war ich jüngst zu Gaste;
Ein gold´ner Apfel war sein Schild
an einem langen Aste.

Es war der gute Apfelbaum,
bei dem ich eingekehret;
mit süßer Kost und frischem Schaum
hat er mich wohl genähret.

Ludwig Uhland (1787-1847)

Bäume

Bäume sind wie Gedichte,
die die Erde in den Himmel schreibt.
Lebet wohl, geliebte Bäume,
wachset in die Himmelsluft!
Tausend liebevolle Träume
schlingen sich durch euren Duft.
Doch was steh ich und verweile?
Wie so schwer, so bang ist´s mir?
Ja ich gehe, ja ich eile
aber ach! Mein Herz bleibt hier.

Kahlil Gibran (1883-1931)
libanesisch-amerikanischer Dichter

Waldeinsamkeit

Waldeinsamkeit,
die mich erfreut
so morgen wie heut
in ewiger Zeit
o wie mich freut
Waldeinsamkeit.

Waldeinsamkeit
wie liegst du weit!
O dir gereut
einst mit der Zeit
ach einzge Freud
Waldeinsamkeit!

Waldeinsamkeit
mich wieder freut
mir geschieht kein Leid,
hier wohnt kein Neid
Von neuem noch freut
Waldeinsamkeit.

Ludwig Tieck (1773-1853)

Blätter

Die Blätter fallen, fallen wie von weit,
als welkten in den Himmeln ferne Gärten.
Sie fallen mit verneinender Gebärde.
Und in den Nächten fällt die schwere Erde
aus allen Sternen in die Einsamkeit.

Wir alle fallen. Diese Hand da fällt.
Und sieh dir andre an: Es ist in allen
Und doch ist Einer, welcher dieses Fallen
unendlich sanft in Seinen Händen hält.

Rainer Maria Rilke (1875-1926)

Herbsttag

Dies ist ein Herbsttag, wie ich keinen sah!
Die Luft ist still, als atmete man kaum,
und dennoch fallen raschelnd, fern und nah,
die schönsten Früchte ab von jedem Baum.

O stört sie nicht, die Feier der Natur!
Dies ist die Lese, die sie selber hält,
Denn heute löst sich von den Zweigen nur,
was von dem milden Strahl der Sonne fällt.

Christian Friedrich Hebbel (1813-1863)

Herbst

O du wunderschöner Herbst,
wie du die Blätter golden färbst,
deiner reinen Luft so klar und still
noch einmal ich mich freuen will.

Ich geh in den Wald, den Weiher entlang.
Es schweigt das Leben, es schweigt Gesang,
ich hemme den Schritt, ich hemme den Lauf,
Erinnerungen ziehen herauf.

Vergangenheit hält mich in ihren Bann,
Vergangenheit hat mir´s angetan,
den Blick in den Herbst, den hab ich frei,
den Blick in den Herbst. Aber der Mai?

Theodor Fontane (1819-1898)

Winternacht

Verschneit liegt rings die ganze Welt,
ich hab nichts, was mich freuet,
verlassen steht der Baum im Feld,
hat längst sein Laub verstreuet.

Der Wind geht nur bei stiller Nacht
und rüttelt an dem Baume,
da rührt er seinen Wipfel sacht
und redet wie im Traume.

Er träumt von künft´ger Frühlingszeit,
von Grün und Quellenrauschen,
wo er im neuen Frühlingskleid
zu Gottes Lob wird rauschen.

Joseph von Eichendorff 1819

Sehnsucht nach dem Frühling

O wie ist es kalt geworden
und so traurig öd und leer!
Raue Winde wehn von Norden,
und die Sonne scheint nicht mehr.

Heinrich Hoffmann von Fallersleben
(1798-1874)

Heil´ge Nacht

Heil´ge Nacht, o gieße du
Himmelsfrieden in mein Herz!
Bring dem armen Pilger Ruh,
holde Labung seinem Schmerz!

Hell schon erglüh´n die Sterne,
grüßen aus blauer Ferne:
Möchte zu euch so gerne
fliehen himmelwärts!

Harfentöne, lind und süß,
weh´n mir zarte Lüfte her,
aus des Himmels Paradies,
aus der Liebe Wonnenmeer.

Glüht nur, ihr gold´nen Sterne,
winkend aus blauer Ferne:
Möchte zu euch so gerne
flieh´n himmelwärts!

Friedrich von Matthisson (1761-1831)

Dieses Gedicht wurde von L. van Beethoven meisterhaft vertont.

Anhang: Kurzbiographien
(alphabetisch geordnet)

Anakreon (575-495 v. Chr.)
griechischer Dichter der Liebe, des Weins und der Rosen Er lebte in Teos, Jonien auf dem Gebiet der heutigen Türkei

Wilhelm Busch (1832-1908)
humoristischer Dichter, Zeichner und Maler
Seine Bildergeschichten (u.a.Max und Moritz, die fromme Helene) wurden in ganz Deutschland berühmt.
Nach vier Jahren Studium am Polytechnikum der Technischen Hochschule Hannover schließt sich ein Kunststudium in Düsseldorf, München und Antwerpen an. Anschließend versucht er sich als Librettist. Sein Buch ´Max und Moritz war trotz Kritik von Pädagogen ein voller Erfolg. Diese bezeichneten es als ´frivoles Werk mit jugendgefährdender Wirkung´.

Joseph Freiherr von Eichendorff (1788-1857)
Er wurde auf Schloss Lubowitz, Oberschlesien,
geboren. Nach dem Jurastudium in Halle und
Heidelberg nahm er an Freiheitskriegen teil.
In seinen Liedern besang er die Schönheit der Natur.
(z.B. In einem kühlen Grunde, Wer hat dich, du
schöner Wald..., Wem Gott will rechte Gunst
erweisen) Dem gläubigen Dichter blieb die Nähe
Gottes gewiss. Seine christliche Grundeinstellung
prägte alle seine literarischen Werke.

Ralph Waldo Emerson (1803-1882)
Amerikanischer Philosoph, Geistlicher und Dichter.
Durch die Transzendentalphilosophie inspiriert,
lehrte er ein Leben in mystischer Verbindung mit der
Weltseele, die sich in der Schönheit der Natur und in
sittlichem Handeln offenbart.

Heinrich Hoffmann von Fallersleben
(1798-1874)
In Fallersleben bei Hannover geboren, auf Schloss
Corvey an der Weser gestorben, er dichtete

freiheitlich-patriotische Lieder (u.a. Deutschland, Deutschland über alles), Kinder- und Liebeslieder.

Theoder Fontane (1819-1898)
Seine Vorfahren waren Hugenotten. Er arbeitete zunächst als Apotheker, danach als Korrespondent und Kriegsberichterstatter. Er schrieb Balladen und Romane. Sie zeugen von reicher Lebenserfahrung, feinem Humor und den Schwächen des Menschen. In seinen Wanderungen durch die Mark Brandenburg beschrieb er die Schönheit der Natur.

Kahlil Gibran (1883-1931)
In Bischarri, Libanon geboren, war er Schriftstelle, Philosoph und Maler. Im Mittelpunkt seines philosphischen Wirkens stehen die Gedanken, das Leben, Liebe und der Tod das Wesentliche für uns Menschen sein sollten. Sein Hauptwerk ist Der Prophet.

Johann Wolfgang von Goethe (1749-1832)
Geboren in Frankfurt am Main gestorben in Weimar. Die Darstellung seines Lebenswerkes würde den Rahmen einer Kurzbiographie bei weitem sprengen. Daher sei nur schlaglichtartig auf seine zahlreichen

Gedichte, Dramen (z.Faust I und II),
naturwissenschaftlichen Abhandlungen (Farbenlehre,
Metamorphose der Pflanzen verwiesen.

Joseph Freiherr von Hammer-Purgstall (1774-
1856)
österreichischer Orientalist, Diplomat und
Hofdolmetscher

Friedrich Hebbel (1813-1863)
Er ist Autor zahlreicher Gedichte und Dramen. Im
Lauf seines Lebens macht er Bekanntschaft mit
berühmten Persönlichkeiten wie Hans Christian
Andersen, Heinrich Heine, Arnold Ruge, Franz
Grillparzer und Arthur Schopenhauer.

Gottfried Lappe (1773-1843)
studierte Theologie, Philosophie und Philologie. Nach
seiner Tätigkeit als Hauslehrer unterrrichtete er am
Stralsunder Gymnasium.
Neben Liebesgedichten verfasste er Gedichte auf
seine Heimat Vorpommern. Darin rühmt er die
Schönheit der See, des Landes und seiner
Bewohner. Er war Mitbegründer der
Wochenzeitschrift Sundine. Auf seinem Grab stand:

´Schlaf oder Tod, hell strahlt das Morgenroth

Friedrich von Matthisson (1761-1837)
Lyriker. Prosaschriftsteller Studierte in Halle
Theologie, Philologie und Literatur. Anschließend
arbeitete er als Lehrer in Dessau. Nach
ausgedehnten Reisen durch Deutschland, Italien,
der Schweiz und Tirol war er als Theaterintendant
und Oberbibliothekar in Stuttgart tätig.

Eduard Mörike (1804-1875)
geboren in Ludwigsburg, gestorben in Stuttgart. Er
wirkte als Dichter, Pfarrer und Literaturlehrer. Er
übertrug griechische und römische Lyrik. In seinem
Werk stehen Schönheit und Wirklichkeit, Kunst und
Leben in großer Spannung gegenüber.

Rainer Maria Rilke (1875-1926)
zunächst Besuch der Militärschule Rilke unternahm
ausgedehnte Reisen innerhalb Europas. Erster
Höhepunkt seines Schaffens war das Stundenbuch.
Ziel seines Wirkens sind der Wille zum Überstehen
dieser Welt, das Bejahen des Todes und das
Verwandeln des Sichtbaren ins dichterische Wort.

Friedrich von Schiller (1759-1805)
zunächst Jura- und Medizinstudium. Wie bei Goethe,
zusammen mit Schiller als Dichterfürsten bezeichnet,
ist die Darstellung seines Werkes in einer
Kurzbiographie nicht möglich. Daher seien nur einige
Schwerpunkte genannt: Die Freiheit wurde zum
Mittelpunkt seines Denkens.
Mit der Darstellung des Dreißigjährigen Krieges
betätigte er sich als Geschichtsschreiber. In Jena
wirkte er als Professor für Geschichte und
Philosophie. Er arbeitete eng mit Goethe zusammen.
Neben der Verfassung zahlreicher Dramen
(Die Räuber, Maria Stuart, Wilhelm Tell) übersetzte
er Shakespeares Macbeth und Racines Phädra.

Theodor Storm (1817-1888)
Rechtsanwalt in seinem Geburtsort Husum, später
Amtsrichter Unter dem Einfluss von Eichendorff und
Mörike schrieb er Gedichte, später Novellen. In einer
der bekanntesten Erzählungen ´Der Schimmelreiter´
ist der Kampf des Menschen gegen dämonische
Elemente, gegen das Schicksal enthalten.

Ludwig Tieck (1773-1853)
Tieck sammelte und schrieb Volksmärchen und Novellen und übertrug Minnelieder. In Dresden war er als dramaturgischer Berater des Schauspielhauses tätig. Nach Goethes Tod war er eine anerkannte Autorität für Dichtung in Deutschland.

Statt einer Biographie
Lieblingsbeschäftigung
Malen, Schriftstellerei, klassische Musik, Orgel- und Harfe spielen, Lesen, Wandern, Reisen, Begegnung und Gespräche mit Gleichgesinnten

Lieblingsmusiker: Ludwig van Beethoven

Lieblingsschriftsteller: Hans Christian Andersen, Leo Tolstoi

Mein Leitbild: Franz von Assisi

Mein Wunsch für mein Umfeld und die Welt:
Frieden, mehr Liebe und Verständnis

Der Tod bedeutet für mich das Tor zum Eingehen in die ewige Herrlichkeit

Vom gleichen Autor erschienen bei Books on
Demand:

ISBN
Die goldene Rose (2001)
3/8311/1977/5

Nie wieder Krieg (2003)
3-8334-0437X
Not und Elend von Krieg
und Nachkriegszeit aus der
Sicht von Zivilpersonen

Stille Helden (2005)
3-8334-2296-3

Schulanekdoten (2005)
3-8334-2835-X
Heiteres und Nachdenkliches

Täglich ereignet sich Weihnachten
978-3-73866450-3
Ein Lesebuch fürs ganze Jahr (2014)

Lebensretter (2015)
978-3-7386-6450-8
Geschichten, die zu Herzen gehen

Die blaue Blume (2015)
978-3-7386-6010-4
Blumengemälde mit klassischen und
romantischen Gedichten

Eigene Betrachtungen und Weisheiten
978-3-7504-8452-8
herausragender Persönlichkeiten (2019)

Es kam die gnadenvolle Nacht (2019)
978-3-7494-4382-6

Auferstanden (2020)
978-3-7504-8549-5
Eindrucksvolle Glaubenszeugnisse
zu Ostern